ブッダの小ばなし

超訳 百喩経

釈 徹宗 監修
多田 修 編訳

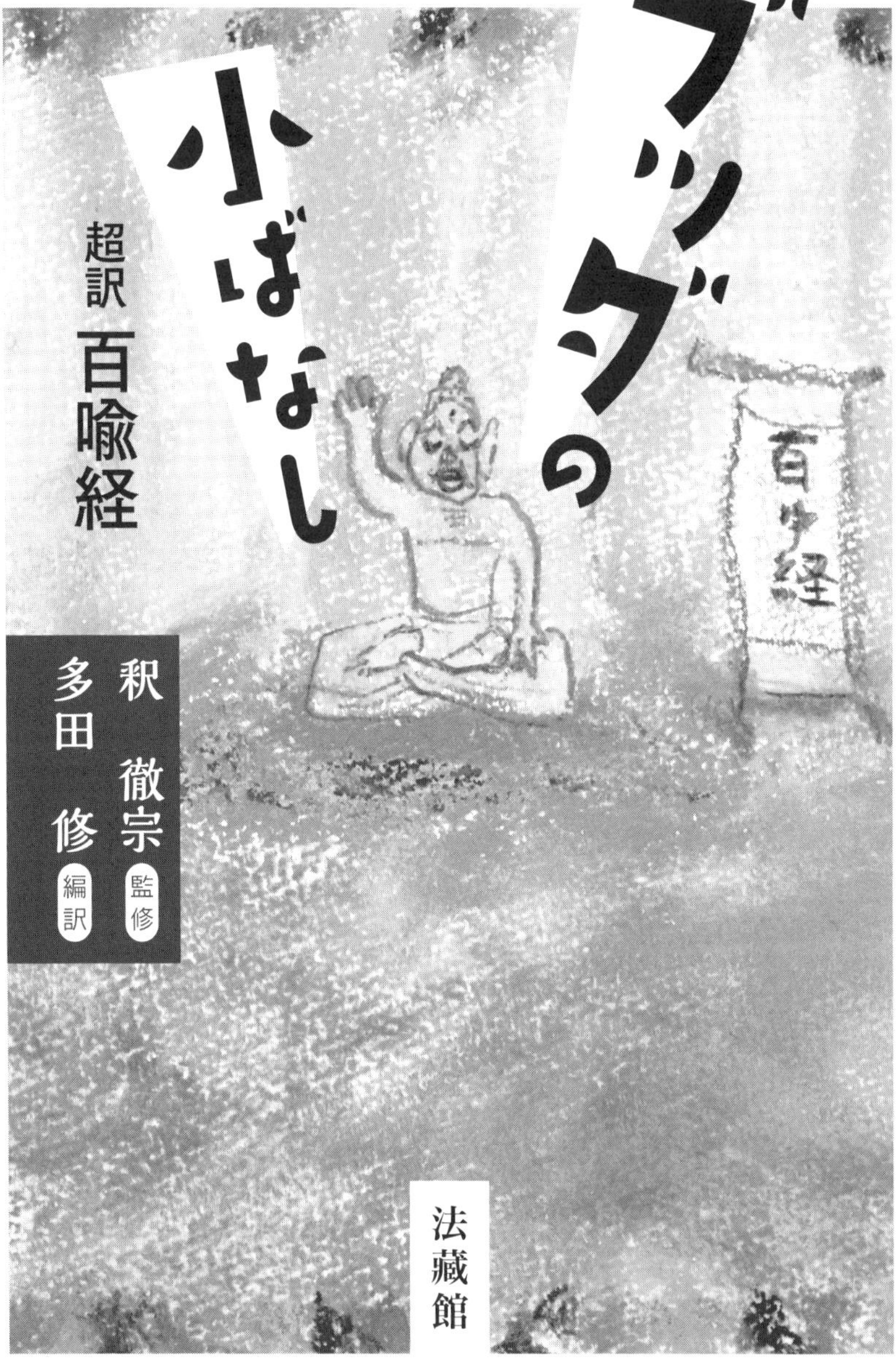

法藏館

監修者の緒言

釈　徹宗

『百喩経《ひゃくゆきょう》』に興味をもってくださり、ありがとうございます。

ひとくちに仏教経典と言っても、さまざまな性格や由来をもっています。散文形式の部分あり、詩偈《しげ》の部分あり、箴言集《しんげんしゅう》のような経典もあれば、宗教文学のような経典もあります。そのため、古来、九や十二に分類されたりもしてきました。

この『百喩経』は、ひとつの説話や寓話《ぐうわ》をもちいて教えを説く形態になっているのが特徴です。在家仏教者や一般の人々を対象とした、わかりやすい内容と言えるでしょう。目先の利や快を求める者、ものごとの本質がわかっていない者、自分勝手な者、そんな人たちの過《あやま》ちを題材にして、仏法を説いています。

おそらく『百喩経』は実際の〝現場の語り〟がベースとなって成立した経典だろうと思います。『百喩経』の魅力についてお話する前に、少し仏教の〝語り〟の系譜を概観してみましょう。

譬《ひ》喩《ゆ》をもちいて語る

『百喩経』の原題は、『ウパマー・シャタカ』であろうとされています。ウパマーとは譬喩のことです。譬喩をもちいて教えを説くことは、原始仏教以来盛んでした。

釈尊自身も巧みな譬喩を駆使して教えを説いていたようです。仏典では、煩悩《ぼんのう》を〝燃え盛る火〟に喩えたり、仏法を〝川を渡る筏《いかだ》〟に喩えたりするなど、釈尊の見事な語りがつづられています。

釈尊滅後に分立した部派仏教の中には、譬喩者（ダールシュターンティカ）と他称されたグループまでありました。このグループは異端扱いされたようで、その後、経部（サウトラーンティカ）の流れを生み出すことになったと思われます。譬喩者たちの実情はよくわかっていませんが、経典を読誦《どくじゅ》したり、譬喩を使って仏法を語ったりしていたのでしょう。譬喩者は経典編纂にも影響を与えたと考えられています。

さて、経典を十二に分けて考える〝十二部経〟と呼ばれる分類法があります。釈尊の教えを散文にまとめたスッタ（経）や、韻文でまとめたガーター（詩偈）や、釈尊の前世の物語であるジャータカ（本生《ほんじょう》）などに分類するのですが、その中にアヴァダーナ（譬喩）という項目があります。アヴァダーナも、ジャータカも、譬喩をもちいて教えを説く「説話」というジャンルを形成してきました。いわば、ストーリー性の高いお話をもちいて仏法を伝えたわけです。

やがて、ジャータカやアヴァダーナなどの物語性豊かな内容を、多くの人々に語る仏教者たちが登場します。人々に、わかりやすく、魅力的に、説法・説教を語ったのです。その流れにダルマバーナカ（法師）がいます。(＊1) このダルマバーナカたちこそ大乗仏教の起源を解く鍵とされています。大乗仏教の起源はいくつかの要因があるので、ここで詳しくお話することはできませんが、少なくとも彼らが大乗仏教の推進力となったことは間違いなさそうです。初期の「般若経典《はんにゃきょうてん》」にもダルマバーナカが出てきます。『法華経《ほっけきょう》』などはダルマバーナカの性格が反映された経典だと思います。

私は、このような仏教の〝もの語りの系譜〟(＊2) に関心があります。〝もの語り〟は宗教的情性を成熟させるからです。〝もの語り〟は笑いや悲嘆や恐怖などを通して、心の共振現象を起こします。〝もの語り〟は、私たちの宗教心の琴線を揺さぶります。〝もの語り〟はそういう力がとても強いのです。

しかし、力が強いだけに、一歩間違うと仏法を棄損《きそん》する恐れもあります。人を笑わせたり、泣かせたり、ウケるお話をすることが主眼になってしまうと、本来伝えるべき仏法が歪曲《わいきょく》することだって起こります。ですから、仏教ではずっと〝もの語り〟を警戒してきました。(＊3)「法四依《ほうしえ》」の教えに、「義に依《よ》りて、語に依らざれ（教えの本質を拠《よ》りどころとして、言葉に依拠してはいけない）」「法に依りて、人に依らざれ（教えを拠りどころとして、説く人に依拠してはいけない）」とあるのも、その意味が内包されています。

そこで重要なポイントは、「あるストーリーをどのように仏法へと落とし込んでいくか」です。説法者たちは、ここに心血を注いできたのです。これを昔から〝合法《がっぽう》〟と呼んできました。

＊1　ダルマバーナカ以前には、バーナカと呼ばれる経典読誦者・説法者たちが部派仏教にいました。バーナカは、ダルマバーナカたちが登場すると、記録からは見られなくなりました。

＊2　ここでの〝もの語り〟とは、物語やナラティブ（語り）などの意味を含んだ、多義的な言葉として使っています。

＊3　「譬喩者」と呼称され批判された人々がいたのも、このあたりに原因がありそうです。

合法の妙

仏教の〝もの語り〟はさまざまな語り芸能を生み出してきました。ここは私にとって研究テーマのひとつです。説教と語り芸能とは互いに切磋琢磨《せっさたくま》してきた歴史があります。

しかし、両者は本質的な相違があります。説教は仏法を伝えるためにおこなわれるものですから。単に面白おかしいお話をすることに終始してしまうと、説教ではなくなってしまいます。あくまできちんとした〝合法〟が大切です。

まさにこの『百喩経』は、そのような説教の本義がベースになっている経典だと言えるでしょう。短い説話や落とし話があって、それに対する〝合法〟が述べられています。今日の私たちにとっては、ピンとこない例話や合法もありますが、構造的には現代の説教・法話と同じです。

『百喩経』全九八話のうち、ふたつほど、本文で取り上げられなかったものを簡単にご紹介してみましょう。

〈巻一・一二　黒砂糖の汁を煮た話〉

内容：黒砂糖を煮ている愚者がいた。煮ている最中にお客が来たので、砂糖水を出すために急いで冷やそうとした。愚者はグツグツ煮立っている黒砂糖を、懸命に上から扇であおぐ。それを見た人が、「下の火を消さずに、上からあおぎ続けても冷えるはずがなかろう」と言った。

合法：煩悩の火を消さずに、少しばかりの修行をしているのも、似たようなものなのであ

る。

これはまさに仏教が説くところですね。うまい譬喩話だと思います。落とし話としてもよくできています。『ダンマパダ』の三四〇番には、「（愛欲の）流れは至るところに流れる。（欲情の）蔓草《つるくさ》は芽を生じつつある。その蔓草が生じたのを見たならば、知慧によってその根を断ち切れ」とあります。「その根を断ち切れ」とは、黒砂糖を煮る火を消せ、ということですよね。

次の話はいかがでしょう。

〈巻四・六七　夫婦が餅を食べて賭けをした話〉

内容：夫婦で三つの餅を食べることになった。二人がひとつずつ食べると、餅がひとつ残る。夫婦は「残った餅は今からずっと黙り続けた者が食べることにしよう」との賭けを始めた。二人が黙っていると、泥棒がやって来て餅を食べた。それでも二人は黙っていた。泥棒はさらに傍若無人《ぼうじゃくぶじん》なことを始める。妻は辛抱できず、「なんというバカなんでしょう。泥棒が来ているのに、餅のために黙っているなんて」と声を挙げて夫を非難する。すると夫は、「やった！　勝った」と言った。

合法：世間の人々もこういう調子だ。小さな名誉や利益のために、うそ偽りを語り、言わ

ねばならないことに口を閉じて暮らしている。大きな災いが来ているのにわかっていない。

この小話は、現在の説教でも使われています。また、類話も多くあります。たとえば、日本の説話集『沙石集《しゃせきしゅう》』にある「無言上人《むごんしょうにん》の事」（四巻の一）のテイストにもちょっと似ています。こちらは「無言の行」を実践している四人の僧侶が、ついしゃべってしまうお話です。『沙石集』の著者・無住道暁《むじゅうどうぎょう》（一二二七～一三一二）は、これに詳細な合法をつけています。機会があればお読みください。

『百喩経』的な〝もの語り〟

『百喩経』は、実際に説法者たちが語ってきた内容が記述されているのでしょう。臨床事例集的な経典であり、説教・説話のタネ本でもあると言えます。日本の説話文学として知られる『日本霊異記《りょういき》』や『沙石集』も、当時の現場の説教で語られていたものなのだろうと思います。

また、落語の祖と呼ばれている安楽庵策伝《あんらくあんさくでん》（日快上人。一五五四～一六四二）による『醒睡《せいすい》笑《しょう》』も、『百喩経』と似た構造をもっています。『醒睡笑』は策伝上人が小僧の頃から聞いてきた「説教の中で語られた笑い話」を集めたものです。『醒睡笑』からひとつ、ご紹介しましょう。

手紙の宛名に平林とある。読み方がわからないので、道行く僧侶に読ませれば、「平林（ひょうりん）か。平林（へいりん）か。平林（たいらりん）か。平林（ひらりん）か。一八十（いちはちじゅう）に林（ぼくぼく）か。それにてなくば、平林（ひょうばやし）か」などと言う。これほどいろんな読み方をしたにも関わらず、平林（ひらばやし）という名字には至らなかった。とにかく、あてずっぽうなど何にもならないのである。

（「巻之六」）

この小話は策伝上人のオリジナルでしょう。現在の落語「平林《たいらばやし》」の原話だとされています。落語では手紙の宛書が読めないのは丁稚《でっち》さんですが、原話ではお坊さんなのです。普段は賢そうにしているお坊さんが読めない、そこに妙味があるのです。そして策伝上人はひと言、「あてずっぽうなど何にもならない（きちんと知ることが大切）」と合法しています。

こうしてみると、『百喩経』の流れは日本仏教の〝もの語り〟にまで脈々とつながっていることがわかります。

『百喩経』のここがすごい

『百喩経』は、笑いやアイロニーを発揮する小話があり、それに対する合法がある、この形式が魅力です。とてもリアルな語りを実感することができます。

そしてなにより最後の詩偈、これが素晴らしい。本書では、訳者の多田修さんがとても読みやすいものにしてくれています。ここはぜひ繰り返し味読していただきたいと思います。まさに『百喩経』の白眉《はくび》です。この詩偈を読むと、『百喩経』は今日においても大きな意味をもっていることがわかります。

多田修さんは、落語にも通じた僧侶です。慶應大学の落語研究会出身だそうです。おそらく落語からさかのぼって、『百喩経』の関心へと至ったのではないでしょうか。多田さんの落語好きのおかげで、あまり知られていない仏典『百喩経』が、読みやすい書籍となって世に出ることになりました。このことに敬意を表したいと思います。

また本書は、法藏館の今西智久さんの尽力なしには成り立ちませんでした。この場をお借りして御礼申し上げます。

目次

はじめに

お経について、

「お坊さんがとなえているもの」

「ありがたそうだけど、さっぱりわからない」

と思っている人は多いんじゃないでしょうか？

お経には、仏教の教えが書かれています。それが「わからない」のはなぜでしょうか？

となえるお経はたいてい、漢文で書かれているからかもしれません。

お経には人生の指針があると言われるので、「お経を読んでみたい」という人はたくさんいます。

そのため今では、お経の現代語訳がいろいろなところから出版されています。しかし、現代語訳だとしても、「お経を読む」となると、どうも身構えてしまいがちです。

でも、肩の力を抜《ぬ》いて、気軽に読めるお経があります。それが『百喩経《ひゃくゆきょう》』です。『百喩経』は、九八の短い話をまとめた、短編集のようなお経です。だから、どの話からでも読めます。しかも、笑い話になりそうなユーモアのある〝**ものがたり**〟を語り、そのものがたりをもとに〝**おしえ**〟を説くのです。

そんな、ユーモアを楽しみながら仏教がわかるお経、それが『百喩経』です。ところが、『百喩経』は「知る人ぞ知る」の状態です（以前に現代語訳が出ていましたが、研究者向けで、しかも絶版のようです）。こんな楽しんで読めるお経を、多くの方に知ってもらいたいと思って、全九八話のうち三五話と原文のあとがき、あわせて三六話を意訳しました。ぜひ、お経を楽しんで読んで下さい。

この本では原文の順番にとらわれず、テーマごとにまとめました。また、それぞれの話には原文でもタイトルがついていますが、本書では私が独自につけたタイトルにしてあります。各話のタイトルの下に「巻○・△△　□□□」とあるのは、原文での巻数と通し番号、原文のタイトルです。

『百喩経《ひゃくゆきょう》』ってどんなお経？

『百喩経《ひゃくゆきょう》』は、ものがたりをもとに仏教の教えを説いた、九八の話を集めたお経です。私たちが普段見かけるお経はたいてい漢文で書かれていますが、お経はお釈迦様《しゃかさま》の教えをまとめたものですから、もともとインドの言葉で書かれていました。そのため漢文で書かれたお経であっても、インドの言葉で書かれた原典が残っているものが少なくありません。しかし、『百喩経』にはそのようなインドの原典が残っていません。だから『百喩経』の原題は正確にはわかっていませんが、「ウパマー・シャタカ」（「百よりなるたとえ話」の意味）であったと推定されています。現在私たちが読むことのできる『百喩経』は、インド出身の求那毘地《ぐなびじ》（グナヴリッディ）が四九二年に中国で漢文に訳したものです。本書はその『百喩経』をもとに訳しました。

ものがたりをもとに教えを説く方法は、お経でよく使われていますが、『百喩経』はとりわけユーモアのある話が多いのが特色です。たとえば、その一つ「宝篋鏡喩《ほうきょうのかがみのたとえ》」（この本では三〇ページ「鏡に映ったのは」）は、落語「松山鏡《まつやまかがみ》」の元ネタになったといわれているように、時代や地域を超えたユーモアがあります。

そもそも、落語のもとをつくったのは仏教のお坊さんといわれています。お坊さんが説法するとき、聞き手が退屈しないように、オチのある小咄《こばなし》をまじえることがありました。その小咄がふくらんで、落語になっていきました（「オチのある話」で「落語」です）。戦国時代から江戸時代初期のお坊さんで、小咄をまじえた説法の名手だった安楽庵策伝《あんらくあんさくでん》（一五五四～一六四二）は、落語のもとになった小咄を多く残したことから「落語の祖《そ》」と呼ばれています。

『百喩経』を読むと、ユーモアと仏教のコラボレーションが、古い時代からあったことがわかります。だから私は、このお経は「仏教ユーモアの原点」だと思っています。

このお経には、信仰についての話はあまりでてきません。それよりも、私たちがついやってしまいそうなおかしな行いを大げさにえがいて、笑いの種にしています。それを他人事《ひとごと》として見ると、笑い話です。その話に続けて、「私たちは、こういう行いをするものです。だから他人事ではなく、自分のこととして考えて下さい」と説いて、笑い話をとおして、私たちの生活をふり返らせてくれます。

仏教の教えは、よく薬にたとえられます。『百喩経』は、爆笑とはいきませんが、クスリと笑って薬になる、魅力あふれるお経です。

1

グッドアイデアはバッドアイデア

塩はおいしい？

〈巻一・一　愚人食塩喩《ぐにんしおをしょくすのたとえ》〉

ものがたり

ここは、とある大金持ちの家です。お昼時になったので、主人が食事をとっています。

しかし、主人はこの日の昼食に不満なようです。

「今日の料理は味がうすいな……おーい、塩を持ってこい！」

使用人に塩を持ってこさせました。その塩をかけて口にしたらニッコリ。

「うん、これでうまくなった」

この様子を見ていた人がいました。

「そうか、塩って少しでもおいしいのか。たくさんあればもっとおいしいんだろうな」

と思い、塩だけを口いっぱいにほおばりました。

「なんじゃこりゃー！」

おしえ

「食べすぎに気をつけて少食でいれば、正しい道を得られる」と聞いた外道《げどう》（仏教以外の教え）の人には、七日も一五日も断食《だんじき》の修行(*)をするものがいます。しかし、そんな修行をしても、いたずらにお腹をすかせるだけで、悟りを開くのに役立ちません。料理は少しの塩でおいしくなるのに、おいしいと思って塩だけを食べるのと同じことです。

＊お釈迦様《しゃかさま》は悟りを開く前、断食修行をしたことがあります。でも、正しい道を得るのに役立たないと感じて、断食をやめました。その後、禅定《ぜんじょう》（瞑想《めいそう》修行）で悟りを開きました。

牛乳の保存法

〈巻一・二　愚人集牛乳喩《ぐにんぎゅうにゅうをあつむるのたとえ》〉

ものがたり

ある農家は牛を飼《か》っていて、毎日牛乳をしぼっていました。今日は牛乳をしぼりながら、こんなことを考えました。

「牛乳ってすぐにいたむんだよな。だから今日しぼった牛乳を残しておいて、明日たくさん飲もうとしてもむりだし……そうだ！　子牛に乳を飲ませないようにして、しぼった牛乳を母牛に飲ませておけば、いたまないでたくさん保存できるじゃないか！」

さっそく実行します。それから一ヶ月ほどして、来客がありました。

「ようこそいらっしゃいました。今から、たくさんの牛乳をお出しします」

と言って、乳をしぼりに行きました。

「あれ、一滴も出ないぞ……」

おしえ

お布施《ふせ》をしようとしたけど、「今は少ししかないから、たくさん手に入ってからするよ」と言うことはないでしょうか。でも、たくさん貯《た》まる前に盗《ぬす》まれたり、寿命が来てしまったら、お布施をして善行《ぜんぎょう》を積むことができなくなりますから、なんにもなりません。

いつもどおりにしていれば、お客さんに牛乳を（たくさんではなくても）出せたはずでした。同じように、お布施はわずかでもそのときにするのがよいのです。

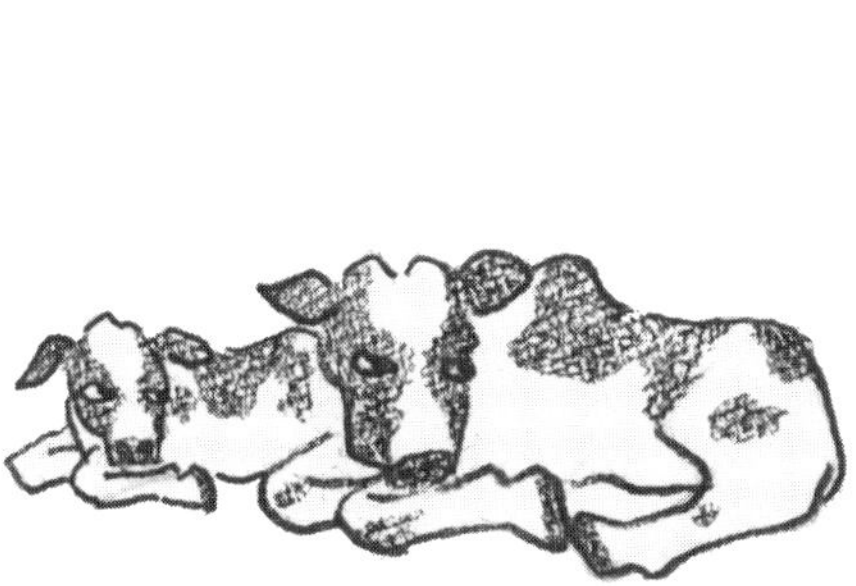

遺産分けはもめやすい

〈巻三・五八　二子分財喩《にしざいをわかつのたとえ》〉

ものがたり

お金持ちの家の話です。主人が重病になりました。医者に診《み》てもらっていますが、よくなりません。主人は「もう長くない」と察《さっ》して、二人の息子を呼びました。そして、「私が死んだら、二人で仲よく財産を分けよ」と言い残しました。

ほどなくして、父親が亡くなりました。遺産《いさん》分けでもめるのはよくある話。この二人もケンカになりそうです。

そこへ、一人の老人がやってきました。

「二人とも落ち着きなされ。ケンカにならない分け方を教えよう」

「どうやって分けるのですか」

「服なら半分に切る。お盆《ぼん》やつぼ、お金、その他なんでも、切って半分にするのだ」

「すばらしいアイデアです！　そのとおりにします」

おしえ

一般的に、質問への答え方には四種類があります。

㈠　答えが決まっているもの。「人はだれでもいつかは死ぬ」など。

㈡　条件によって答えが変わるもの。「亡くなったら生まれ変わりますか」と聞かれたら、「執着《しゅうじゃく》がなくなればもう生まれ変わりませんが、あるとまた生まれ変わります」など（仏教などインドの思想では、生まれ変わるのはよくないことと理解されています。生まれ変わりを繰り返すことは、死ぬことを繰り返すことでもあるからです）。

㈢　なにと比べるかによって答えが変わるもの。「人の世界はよいところですか」と聞かれたら、「地獄《じごく》などよりはよいが、天（神々の世界）ほどではない」など。

㈣　答えない方がよいもの。お釈迦様《しゃかさま》は「世界は有限か無限か」など一四の質問に、苦しみから抜《ぬ》け出すのには無益《むえき》だとして、答えませんでした（これを「十四無記《じゅうしむき》」といいます）。

質問にはこれら四種類の答え方を使い分けるべきなのに、外道《げどう》（仏教以外の教え）の人たちは使い分けをしません。遺産を分けるのに、なんでもかんでも真っ二つにするという、一つの方法しか知らないのと同じです。

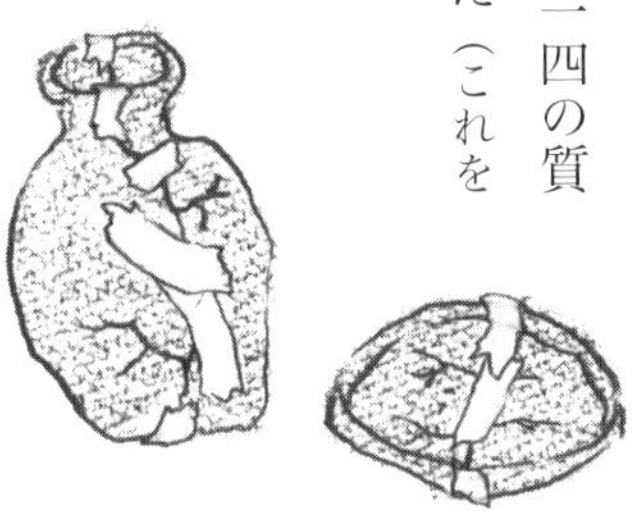

2

思い込みは恐ろしい

鏡に映ったのは

〈巻二・三五　宝篋鏡喩《ほうきょうのかがみのたとえ》〉

ものがたり

貧しい人がいました。借金がたまりすぎて、「取り立てはイヤだ！」と家をとび出しました。だいぶ遠くまで来たとき、宝箱を見つけました。

「やった！　これで借金が返せるぞ！」

と、宝箱のふたを開けました。すると、一番上にあったのは鏡。そこに映った自分の姿を見て、宝の番人と勘違《かんちが》い。

「空箱だと思っていました。中にあなたがいるとは存じませんでした。怒らないで下さい」

鏡に謝って、逃げ出しました。せっかく宝箱を見つけたのに……。

おしえ

私たちはたくさんの煩悩《ぼんのう》（よくない心）のために苦しみます。苦から抜《ぬ》け出すために、修行をしてよいことを積み重ねるのです。これは、宝箱に出あったようなものです。

仏教では、自分は仮の存在だという「無我《むが》」(*)の教えを説きます。ところが、自分の心身に執着《しゅうじゃく》してしまうと、あるはずのない「我《が》」が実在すると錯覚《さっかく》し、その見方が正しいと思い込むことになります。あるはずのないものに執着するようでは、積み重ねてきた修行の成果が台なしになります。鏡に映った自分の姿を見て、いるはずのない番人がいると間違えて、宝箱を放り出したようなものです。

＊「我」とは、バラモン教など古代インドの思想で説かれる、「これこそが私の変わることのない本質だ」といえるもの。これを否定したのが「無我」です。

弟子のけんかは師《し》匠《しょう》に迷惑

〈巻三・五三　師患脚付二弟子喩《しあしをわずらいにでしにふすのたとえ》〉

ものがたり

あるお坊さんが足の病気になりました。そこで二人の弟子に頼みました。

「お前たち、すまないがわしの足をマッサージしてくれ」

「かしこまりました！」

弟子の一人は右足を、もう一人は左足をマッサージすることにしました。ところがこの二人は仲が悪く、いつもいがみ合っていました。

マッサージの途中、右足担当の弟子がトイレに行きたくなって、席をはずしました。すると左足担当の弟子が、右足担当をじゃましたくなりました。そこで師匠の右足を、石でたたきました。

「エイッ！　おーー！　痛がってる、これであいつは困るぞ～」

しかし、左足担当も

「すみません、私もトイレ行ってきます」

と席をはずしました。そこへ、右足担当が戻ってきました。

「あいつめ、なんてことしてくれるんだ！　おれもあいつを同じ目にあわせないと気がすまない」

と、今度は師匠の左足を石でたたきました。

「お前たち、それはわしの足だ……」

おしえ

仏教には大乗と小乗があります。大乗の学者は小乗を「程度が低い」、小乗の学者は大乗を「間違い」と言って批判します。でも、どちらもお釈迦様《しゃかさま》の教えです。大乗と小乗で対立すると、お釈迦様の教えを滅ぼすことになります。

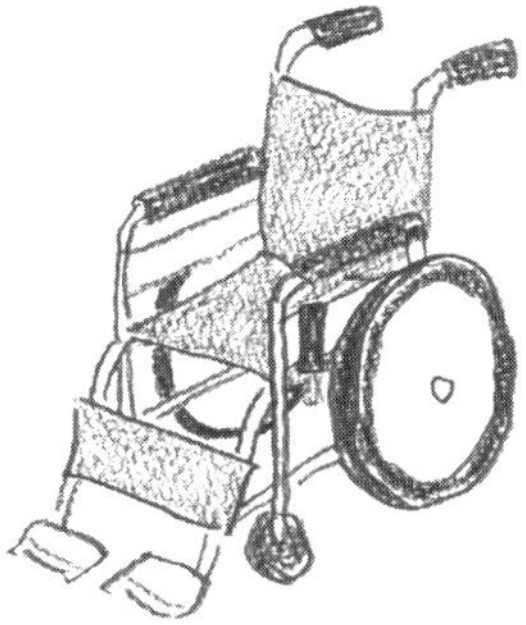

まぎらわしい服を着ないように

〈巻三・六三　伎児著戯羅刹服共相驚怖喩《ぎじたわむれにらせつのふくをきてともにあいきょうふするのたとえ》〉

ものがたり

ある国に、小さな劇団がありました。しかし演劇の人気はいま一つで、団員たちの生活は楽ではありません。隣の国には演劇好きが多いので、その国へ引っ越すことにしました。隣の国へ行くため、山を越える道を歩いていきます。その山には、人食い鬼が出るというわさがありましたが、その山道ですっかり夜になってしまいました。

「真っ暗だし寒いし、今夜はこれ以上進めないよ」

「でも、人食い鬼の出る山で野宿《のじゅく》なんてイヤだよ」

「じゃ、たき火をしよう。明るいしあたたかくなるよ」

「おーあったかい！　これで安心して休める」

このうちの一人は寒さをしのぐため、鬼の衣装《いしょう》を着て寝ることにしました。

数時間後、夜中に別の一人がふと目を覚ましました。そこに見えたのは、一匹の鬼。

「わー、鬼が出たー！」

この悲鳴に他の仲間たちもおどろいてとび起き、みんな逃げ出しました。その後を、鬼が追いかけてきます。

「おーい、おれだよー」

「鬼におそわれるー！　逃げろー！」

走り続けて朝になり、あたりが明るくなりました。

「はぁ、はぁ……なんだ、お前だったのか……」

おしえ

人は、自分のかかえている煩悩《ぼんのう》(*)（よくない心）のせいで正しいことがわからず、そのためによいことをしようとしても失敗する場合があります。そこで、煩悩をふりはらった悟りの境地を目指します。間違った見方にとらわれてしまうと、結局は自分で自分を苦しめることになります。正しい見方を身につけると、煩悩を離れて苦から解放されます。

鬼がいると間違えたのは誤った見方の、夜が明けるのは仏の智慧《ちえ》に出あうことの、たとえです。仏の智慧にあうことで、本当のことがわかって、苦が打ち止めになるのです。

＊煩悩の一つに「愚痴《ぐち》」（真実をわかっていないこと）があります。

確かめるのは大事だけど

〈巻四・七〇　嘗菴婆羅果喩《あんばらかをなめるのたとえ》〉

ものがたり

ある大金持ちの家です。ここの主人はマンゴーが大好きです。そこで使用人にお金を持たせて、

「おいしそうなのを選んできなさい」

と言いつけて、マンゴーを買いに行かせました。使用人が果樹園《かじゅえん》に着くと、おいしそうなマンゴーがたくさん実っています。果樹園のあるじは言いました。

「うちのはどれもおいしいよ。一つ味見してごらん」

「一つだけじゃわかりません。全部味見してから買います」

と、全部のマンゴーをなめてから買い、持って帰りました。

「ご主人様、ただいま帰りました」

「いいマンゴーを選んできたか？」

「はい、私が全部なめて味を確かめてきました」

「これもお前がなめたのか？」
「ええ、なめました。それはまたまれに見るすばらしい味です。ご主人様もぜひ召《め》し上がって下さい」
「食えるか、全部捨てろ！」

おしえ

戒律《かいりつ》を守ることと、お布施《ふせ》をすることとは、自分をおだやかにさせて、イヤな思いになりにくくなるという、大変な利益があります。ところがその話を聞いても信じず、「お布施をすればいいことがある？　そんなの、自分でやってみて、本当にいいことがあったら信じるよ」と言う人がいます。これは、「今の自分の状態は、過去に自分がしてきたことの結果だ」とわかっていないということです。

一つの事実を見れば、他のことでも「原因があるから結果がある」という因果《いんが》の道理《どうり》がわかるはずです。この道理を信じなければ、自分で自分を苦しめることになります。それによって命を失うことになれば、財産ともお別れです。

一口食べればその果樹園のマンゴーの味がわかるはずなのに、それを理解できずに全部のマンゴーをなめて、すべて捨てるはめになったのと同じです。

mango
SHIYONIN

3

わかっていないな〜

「見る目がある」は眼球の力ではない

〈巻二・三六　破五通仙眼喩《ごつうのせんのめをやぶるのたとえ》〉

ものがたり

ある国に仙人がいました。この仙人は修行を積んで、地中に埋《う》もれたさまざまな宝を見つける能力を身につけました。この仙人が「ここを掘《ほ》ってみよ」と言ったところには必ず宝物が出てきます。だから、みんな大喜び。王様もたびたびこの仙人を呼んで、宝を手に入れてきました。

その評判が広まると、よその国からもこの仙人に声がかかるようになりました。王様はそれが気がかりでした。そこで、大臣に相談しました。

「あの仙人がどの国にも行かず、ずっとわが国にいてもらえる方法はないだろうか？もっと多くの宝を掘り出したいのだが……」

「いい考えがあります」

大臣はすぐにその仙人のところへ行き、仙人の両目をえぐり取って、王様のところへ持ってきました。

「こうすれば、仙人の目はどこにも行かず、ずっとわが国にあります」

「目だけあってどうする！」

おしえ

人里《ひとざと》離れた山林《さんりん》や荒野《こうや》などで修行している人がいます。その人をむりやり自宅に連れてきてしまったら、いくら敬意をもってお供《そな》え物をささげて供養《くよう》してみたところで、その修行者が積み重ねてきた修行が台なしになってしまって、真実を見抜《ぬ》く能力を失わせてしまいます。仙人の目だけを持ってきたのと同じです。

私も毛がない

〈巻二・四〇　治禿喩《はげをなおすのたとえ》〉

ものがたり

髪がないのを悩んでいる人がいました。

「冬は寒いし、夏は暑くて蚊《か》や虻《あぶ》に刺《さ》されるし……そうだ、医者に相談してみよう！」

さっそく、医者のところへ行きました。すると医者は、かぶり物を取りました。医者も髪がありません。

「治せるなら、この頭を先に治していますよ」

おしえ

世の人々は、いろいろな悩みや苦しみをかかえています。そして、長生きや死なないことを求めます。宗教家のところへ行き、

「私がずっと悩みや苦しみがなく、安楽で長生きできるようにして下さい」

とお願いすると、こんな答えが返ってきます。

「私も生きていて、いろいろな悩みや苦しみがあります。それを解決しようとしましたが、できませんでした。もしそれができるのなら、先に自分のを解決していますよ」

順番には理由がある

〈巻三・五四　蛇頭尾共争在前喩《へびのあたまとおともにまえにあるをあらそうのたとえ》〉

ものがたり

一匹のヘビがいました。あるとき、このヘビのしっぽが、頭に向かって話しかけました。

「いつも頭が先頭だな。たまにはおれが前になるよ」

頭はびっくりして、しっぽにこう言いました。

「そんなことしてどうする。前はいつもおれだよ！」

「いつも後ろなんてイヤだ！　前になれないならお前も動けなくしてやる！」

しっぽは木につかまって、ヘビは頭もしっぽも動けません。

「わかったよ、そんなにやりたいんなら、前をやってみろ」

「やったー！　それじゃ、ついてこいよ～」

しっぽはごきげんで、前になって進んでいきます。すると、前方に穴があり、穴の中では火が燃えています。ところが、しっぽには目や鼻などがついてないので、それがわかりません。

「おい、止まれ、止まれ！」

「どうしたんだい？」

しっぽは止まろうとしません。ヘビは頭もしっぽも火の穴に落ちて、焼け死にました。

おしえ
師匠《ししょう》と弟子の関係も同じようなものです。「いつも師匠がいろいろ指示しますね。たまには私がしますよ」と弟子が仕切《しき》ろうとすると、師匠と違って戒律《かいりつ》がよくわかっていないものだから、してはいけないことを次々にしてしまい、師匠も弟子も地獄《じごく》行きになります。

オスのロバから乳は出る？

〈巻四・七七　構驢乳喩《ろのちちをかまうのたとえ》〉

ものがたり

だれもロバを知らない国がありました。その国に、一人の旅人がやってきて、こんな話をしました。

「私は前に行った国で、ロバの乳をごちそうになりました。あんなおいしい飲み物は初めてでしたね」

「そのロバとかいう動物の乳、私たちも飲んでみたいな～」

この国の人たち、一頭のロバをなんとか手に入れて、乳をしぼろうとしました。容《い》れ物を持ってきて、われ先に飲もうとします。でも、ロバを初めて見たのですから、だれもしぼり方を知りません。頭を触る人、耳をつかむ人、足をにぎる人、しっぽを引っぱる人、みんないろんなことをしています。「これではないか？」とある人がつかんだのは、オスのものでした。

おしえ

外道《げどう》（仏教以外の教え）の人は、するべきではない方法で道を求めようとします。その教えをあてにすると、いろいろと間違った考えを起こし、修行で断食《だんじき》などをして、自分の体を痛めつけます。正しい方法ではないので道を得られず、結局は地獄《じごく》などのよくない世界に落ちます。ロバの乳を飲みたいのにオスのロバを連れてきて、見当はずれなことをさんざんやったあげく、乳が飲めなかったのと同じです。

4

完璧主義者は困りもの

全部飲まなくてもいいのに

〈巻一・五　渇見水喩《かわきてみずをみるのたとえ》〉

ものがたり

夏のことです。この日は特別に暑くて、あちこちに熱中症になりそうな人がいます。この人ものどがカラカラで、フラフラしながら歩いています。

「あそこに水がある！　なんだ、かげろうで景色《けしき》がゆれているだけか……」

それでも歩いていると、ついに大きな川にたどり着きました。でもこの人、川の水を飲もうとしません。そばにいた人が聞きました。

「のどがかわいてるんでしょ。なんで水を飲まないの？」

「飲もうと思ったのですが、多すぎて飲みきれません。だから飲みません」

おしえ

外道《げどう》（仏教以外の教え）の人が、仏教の教えを極端《きょくたん》に理解しているのと、同じようなものです。「仏教で修行するにはたくさんある戒律《かいりつ》を守らなければいけないというけど、全部を守るのはとてもむりだ」と思って仏教の教えをまるで受けなかったら、いつまでたっても悟りに近づけず、イヤな思いをし続けることになります。「水全部はとても飲めない」と一滴も飲まず、のどがかわいたままの人と同じです。

満点でなかったら〇点《れい》と同じ？

〈巻二・三七　殺群牛喩《ぐんぎゅうをころすのたとえ》〉

ものがたり

ある牧場でのことです。ここでは二五〇頭の牛を飼《か》っています。あるとき、ここにトラがやってきました。牧場の主人はなんとかして牛を逃がそうとしたのですが、一頭の牛が食べられてしまいました。主人はガッカリ。

「一頭食べられてしまった……完全にそろってないと意味がない」

と言って深い穴のふちに行き、残った牛をすべて穴に突き落としました。

おしえ

「二五〇頭の牛」は仏教の戒律《かいりつ》のたとえです（男性出家者の場合、二五〇項目あって、これが戒律の数の代表のようになっています）。修行者は戒律をすべて守ることが必要です。もし一項目でも違反してしまったら、それを恥に思って、みんなの前で自分の違反を白状して許しを請《こ》うことが、戒律で決められています。それなのに、「完璧でなかったら守る意味がない」

と、すべての戒律を無視するようになったら、先ほどの牧場の主人と変わりありません。

ラクダを助けたかったのでは？

〈巻四・七五　駝甕倶失喩《だとかめともにうしなうのたとえ》〉

ものがたり

ある農家で、米をつぼに入れていました。そこへラクダがやってきて、頭をつぼに突っ込み、米を食べ始めました。すると、ラクダの頭が抜《ぬ》けなくなりました。ラクダはうなり、苦しがっています。農家の人はオロオロ。

そこに老人がやってきて、言いました。

「心配することはない。いい方法を教えよう。私の言うとおりにすれば、すぐにラクダの頭がつぼから出てきます」

「どうするんですか、早く教えて下さい」

「ラクダの首を切りなさい。そうすれば、自然につぼから抜けます」

「ありがとうございます！」

ズバッ！　バリン！

ラクダは死んで、つぼも壊れました。

おしえ

この話の「つぼ」と「ラクダ」は「仏教の教え」と「戒律《かいりつ》」の、「老人」は「欲望」の、たとえです。菩提心《ぼだいしん》（悟りを求める心）を起こして仏教の教えを求めるなら、戒律を守って悪事に走らないようにしないといけません。しかし、欲望に引きずられると、戒律に反することをしてしまい、教えにまで背を向けることになります。そうなると、間違いに歯止めがききません。これは教えと戒律の両方を放り出すということです。ラクダとつぼの両方を失ったのと似ています。

5

格好つけたがるのは格好悪い

私の方が賢い

〈巻一・三　以梨打頭破喩《なしをもってあたまをうちてやぶるのたとえ》〉

ものがたり

髪のない男がいました。この男が道を歩いていると、後ろから人が近づいてきました。後ろの人はナシの実を取り出しました。そして、前の男の頭にナシをガツンとたたきつけて、逃げました。でも、たたかれた男は後ろの人になにもせず、だまっていました。それを見た人が聞きました。

「なんで逃げなかったんですか？　頭、傷だらけじゃないですか」

「あの人はものを知りません。きっと、髪がないのを見て、頭ではなく石だと思ったから、ナシをぶつけたのでしょう。ものを知らない人は困ったものだ」

「あの人がものを知ってるかどうかより、自分がケガをしないことの方が大事じゃないですか？」

おしえ

「信心をもって戒律《かいりつ》を守り、教えを聞いて真実を求める」ということをまるでしようとせず、見た目だけかざって金品を要求するお坊さんがいます。こういうお坊さんは、自分の問題点を他人から言われても、その相手を「ものを知らない人」だとしか思いません。これは、頭をたたかれても逃げようとせず、相手を愚《おろ》か者呼《ものよ》ばわりした男と変わりません。

質問に答えよう

〈巻三・四九　小児争分別毛喩《しょうにけをふんべつするをあらそうのたとえ》〉

ものがたり

夏のある日のことです。二人の子どもが川遊びをしています。川にもぐったところ、川底で一本の毛を見つけました。子どもはそれを取って、岸に上がってから何の毛か言いあっています。

「これは仙人のひげだ」

「いいや、ヒグマの毛だ」

「待って。あそこに仙人がいるよ。あの人に聞いてみようよ。すみませ～ん。これ見つけたんですけど、仙人のひげですか？　それともヒグマの毛ですか？」

するとこの仙人、米とゴマを口に含んで、モグモグとかんで、ペッとはき出しました。

「これ、クジャクのふんに似てるだろ」（にやり）

おしえ

よくわかっていない人が他人に教えようとすると、本筋からはずれたことばかり話し、肝心なことを言いません。先ほどの仙人が、子どもの質問に答えなかったのと同じです。

白を黒と言いくるめられなかった

〈巻四・七三　詐言馬死喩《いつわりてうましすというのたとえ》〉

ものがたり

ある国が、隣の国と戦争になりました。その戦いに、一人の兵士がかけつけました。愛馬の黒馬にまたがり、手柄《てがら》を立てようと意気込《いきご》んでいます。ところがいざ戦いが始まると、さっきの気合いはどこへやら。怖《お》じ気《け》づいて、ガタガタふるえています。結局、近くにたおれていた兵士の血を自分の顔にぬり、死人のふりをしていました。すると、乗ってきた黒馬が敵にうばわれてしまいました。それでも、死んだふりをしたままです。

やがて戦いが終りました。

「命は助かったけど、黒馬がいない。死んだふりしているうちにうばわれたなんて言えないし……そうだ！　ここにちょうど馬がいる。この馬のしっぽの毛をもらって、黒馬が死んだから毛だけ持って帰ってきたということにしよう」

実は白馬なのですが、色が違うのに気づいていません。帰り道で、ある人から聞かれました。

「あなたは馬に乗っているはずなのに、なんで今は乗ってないのですか？」

「私の馬は死にました。せめてもと思い、しっぽの毛を持って帰ってきました」

「あなたのは黒馬だったのに、持っている毛は白いですね」

「……」

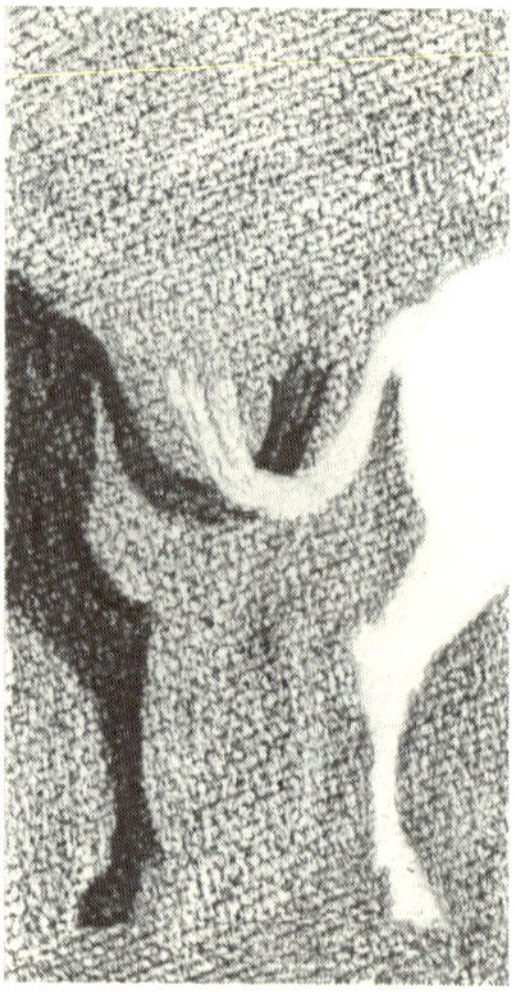

おしえ

「私は修行に励《はげ》んで、慈悲《じひ》の心を持っているので、酒や肉を口にしません」と言っておきながら、実際には生き物の命を大事にせず、他人をイヤな目にあわせるという、言っていることとやっていることが逆な人がいます。悪いことを次々にしているのに、自分のことを善人のように言う。これは、実際には馬がうばわれたのに、馬が死んだと言ってごまかすようなものです。いずれバレます。

6

肝心なことはまねできない

いい服を着てボロが出る

〈巻一・八　山羌偸官庫喩《さんきょうかんこをぬすむのたとえ》〉

ものがたり

王様の倉庫に泥棒《どろぼう》が入りました。そこに金銀財宝はないのですが、王様の服がしまってありました。

「上等な服じゃないか。これだけでも、もうけものだ」

と盗《ぬす》みましたが、すぐに捕《つか》まりました。

さっそく、泥棒は王様の前に連れ出されました。王様が泥棒に聞きます。

「この服はどこで盗《と》った?」

「それは、私のおじいさんの服です」

「では、着てみよ」

この服、本当は王様のものです。泥棒は着方を知らないので、着てみたらあべこべでした。手に着けるものを足に着けたり、腰《こし》に着けるものを頭にかぶったりしています。

「家に伝わった服なら、なんで着方があべこべなのか?　やっぱり盗んだな!」

おしえ

この話の王様は仏様の、倉庫は仏法の、泥棒は外道《げどう》（仏教以外の教え）の人の、たとえです。

仏教の話を聞きかじって、あたかも自分が考えたことのように言う人がいます。でも、そういう人は話の意味をちゃんとわかっていないので、話の順番を取り違えたりして、結局はボロが出ます。

ほめようと思ったけど…

〈巻一・九　歎父徳行喩《ちちのとくぎょうをたんずるのたとえ》〉

ものがたり

二人で会話をしていました。そのとき、一人が自分の父親の自慢話《じまんばなし》を始めました。

「私の父は、盗《ぬす》みもせず、正直で、布施《ふせ》（他人のためになること）を惜《お》しみません」

それを聞いた人も父親自慢をしてみたくなりました。

「私の父は、あなたのお父さんより立派《りっぱ》ですよ。子どものころから心身が清らかで、イヤらしいことなど、これっぽっちもありません」

「あなた、どうやって生まれてきたの？」

おしえ

だれかをほめようと思っても、正しいことを知らないと、かえって恥をかくことになります。

まねするのはそこではない

〈巻二・二六　人效王眼瞤喩《ひとおうのめのしゅんをならうのたとえ》〉

ものがたり

あるビジネスを計画している人がいました。この人、ビジネスを成功させるには、王様に気に入ってもらうのが一番と考えました。そこで、王様にツテのある人を探し出して、相談しました。

「王様に気に入ってもらうにはどうしたらいいかな？」

「王様と同じようなことをするといいよ。〈お前も一緒《いっしょ》だな〜〉って、喜んでくれるよ」

このアドバイスをもらってから、王様への面会を申し込みました。面会の当日に少し早く行って、離れたところから王様の顔を見てみました。王様は、目に病気があるようです。

そこで、この人も目が病気であるようにしてみました。

面会のとき、王様はこの人の顔を見て聞きました。

「お前は目が病気なのか？」

「病気ではありません。王様と同じようにしてみました」

「無礼者！」

追い出されました。

おしえ

この話の王様は仏様の、目の病気はわざと作った欠点の、面会した人は仏教をよくわかっていない人の、たとえです。

私たちはよい教えを求めようとして、仏様に親しもうとしますが、すぐにつけあがってしまいがちです。仏様は私たちが親しめるよう、さまざまな手段（これを「方便《ほうべん》」と言います）をもって現れます。ときには、わざと欠点を作ってそれを見せることがあります。その真意がわからないと、言葉の間違いを見つけて批判したり、わざと作った欠点の方をまねしたりします。これではせっかく仏法の中にいるのに、永久にそのよさを失い、地獄《じごく》などよくない世界に落ちることになります。

いつまねする？

〈巻三・四七　貧人作鴛鴦鳴喩《ひんにんおしどりのめいをなすのたとえ》〉

ものがたり

今日は祝日です。この国の王様は青いハスの花がお気に入りなので、お祝いの日には女性が全員、青いハスを髪かざりにすることになっています。

その前の日のことです。ある女性が一人の男にこう言いました。

「私のため青いハスの花を持ってきてくれたら、結婚してあげますよ。もしできなかったら、これでお別れです」

言われた男は、オシドリの鳴き声のまねが得意でした。そこで、王宮の池に入って、「ピュイ、ピュイ」とオシドリの鳴きまねをして青いハスを盗《ぬす》みました。

そのとき、番人があやしんで、声をかけました。

「池にいるのはだれだ？」

「私はオシドリです」

「オシドリがしゃべるか！」

この男、捕《つか》まりました。連れて行かれる途中で、

「ピュイ、ピュイ」

「今ごろまねしてどうする!」

おしえ

人は生きている間、いろいろな悪事をはたらきます。よいことは、しようと思ってもなかなかできません。いよいよ自分の命が終わろうとしているときに「よいことをしたい」と思ったところで、もはやできません。結局、閻魔《えんま》様の前で裁《さば》かれることになります。捕まった後でオシドリのまねをした男と同じです。

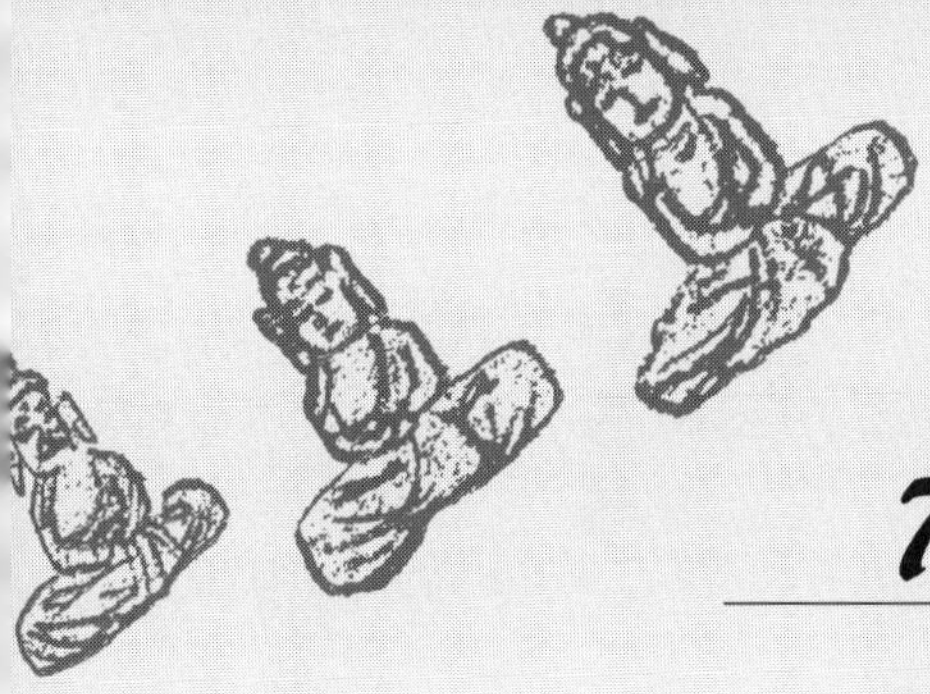

7

急いではいけません

三階建ての家と三階だけの家

〈巻一・一〇　三重楼喩《さんじゅうのろうのたとえ》〉

ものがたり

ある人がビジネスに成功して、かせいだお金で三階建ての家を建てました。他に高い建物がないので、とても目立ちます。背が高いだけでなく、デザインもみごとです。だから「あんな高くてきれいな家を建てられるなんて、あそこの主人はやり手の経営者だ」と、町の評判になりました。

それを聞いた、別のお金持ちがいました。

「私だって負けないぐらいの財産があるのに、あいつだけが評判になるのはおもしろくない。私も三階のある家を建てよう」

さっそく、大工の棟梁《とうりょう》を呼びました。

「あれと同じような家ができるか？」

「あれは私が建てた家です」

「では、今度は私にも、あのような家を造ってくれ」

すぐに工事が始まりました。まずは土台を造ります。ところがこのお金持ち、大工がなにをしているのかわかっていません。

「なにを造っているのか?」

「これは三階建ての家の土台です。土台ができたら一階を、一階ができたら二階を、二階ができたら三階を造ります」

「一階や二階が欲しいのではない! 先に三階を造れ!」

おしえ

僧侶であれ僧侶以外であれ、仏教徒は三宝《さんぼう》(仏教徒がよりどころにするべき三つのもの。仏《ぶっ》・法《ほう》・僧《そう》)を敬うものなのに、まるで敬わず、なまけていて、それなのに悟りという成果を欲しがる人がいます。そんな人は、こんなことを言います。

「修行して悟りを開くのに四つの段階(*)を上がらないといけないというけど、途中の三つはいりません。最後の成果、阿羅漢《あらかん》になることだけが欲しいのです」

* 小乗仏教では、悟りを開くまで預流《よる》・一来《いちらい》・不還《ふげん》・阿羅漢の四段階を上がります。悟りを開くのは最後の段階、阿羅漢です。

顔にキック！

〈巻三・五七　蹋長者口喩《ちょうじゃのくちをふむのたとえ》〉

ものがたり

あるところに大金持ちがいました。この大金持ち、多くの使用人をかかえています。主人を喜ばせればチップをはずんでもらえるので、使用人は主人のごきげん取りにかけ回っています。いつもだれかが主人のそばにいて、主人がつばをはくと、使用人が足でつばをもみ消します。

そこに、動きが出遅《でおく》れがちな使用人がいました。手柄《てがら》をすぐ他に取られてしまうので、「たまには先にしてみたいなぁ」と思っていました。

この使用人があるとき、主人がつばをはこうとする瞬間《しゅんかん》に出くわしました。すかさず、自分の足の裏を主人の口に押しつけました。主人のくちびるが切れ、歯が折れました。主人は怒ります。

「なにをする！」

「ご主人様がつばをはくと、近くの者が足でもみ消します。私もそうしたいのですが、いつも先を越されます。だから、つばが口から出る前にしました」

おしえ

なにか事をするには、時機というものがあります。まだ機が熟《じゅく》していないのに、むりにしようとすれば、かえってイヤな思いをすることになります。

どっちが大事？

〈巻四・八六　父取児耳璫喩《ちちこのみみだまをとるのたとえ》〉

ものがたり

人気《ひとけ》のまるでない道です。日がかたむいて、うす暗くなってきました。その道を、父親が子どもをつれて歩いていました。すると突然、物陰《ものかげ》から盗賊《とうぞく》がおそってきました。このとき、子どもは金の耳かざりをしていました。父親は
「これは盗《と》られちゃならない！」

と、あわてて耳かざりを手で引っぱったのですが、

「はずれない……えい、こうなったら！」

この父親、なんと子どもの首を切り落としました。

父親が盗賊と戦うと、すぐに盗賊は退散しました。

「ふう、盗賊はいなくなったし、耳かざりも守れたし、一安心。さあ、頭をつけ直そう」

おしえ

議論のための議論をする人がいます。「死後の世界はあるのか」「死んだ後、すぐに生まれ変わるのか、次に生まれるまでの中間の時期があるのか」「心のはたらきに実体はあるのか」などがそうです。しかし、これは実益のない議論です。

こんなおかしな議論をする人を、正しい教えの理論で論破すると、「私の理論にそんなおかしな説（論破された説のこと）はありません」と言って、体面を取《と》り繕《つくろ》おうとします。守るべきなのは正しい理論なのに、それを二の次にするような人は、目先の小さな利益や体面を求めるだけなので、ウソをつき、本来の修行者としての成果を得られず、この世の命が終われば地獄《じごく》など悪い世界に落ちます。守るべきものを間違えて、子どもの首を切ったのと同じことです。

8

気分で決めると間違えやすい

とび出してみたけど

〈巻三・四八　野干為折樹枝所打喩《やかんおれしきのえだのためにうたるるのたとえ》〉

ものがたり

野原に一本の木が生えています。この木の根もとは、夏は木陰《こかげ》になって涼《すず》しく、冬は枯《かれ》葉《は》が布団《ふとん》のように積《つ》もります。一匹のキツネが、この木の根もとをお気に入りの場所にしていました。

ある日のことです。突風《とっぷう》がふいて、木の太い枝が折れました。その枝が、下で休んでいたキツネの背中にあたりました。

「痛い！　この木のせいだ。こんな木なんか、もう見たくない！」

キツネはかけ出して、木から離れたところに行きました。

やがて日が暮れました。

「暗くなってきたな。あの木の下で休もうかな……ううん、もう帰らないって決めたんだ」

すると風がふいてきて、木の枝がゆれました。それを見たキツネは

「あの木が、手招《てまね》きして僕を呼んでいる。やっぱり帰ろう」

おしえ

出家して修行していると、師匠《ししょう》からしかられることがあります。しかられたからといって逃げ出したら、今度は悪い人にだまされるなどして、かえってイヤな思いをします。そして後悔して、「師匠のところにいたほうがよかった」と戻ってくる。こんなふうに（後先《あとさき》考えずにとび出して）出たり戻ったりするのは、かしこいやり方ではありません。

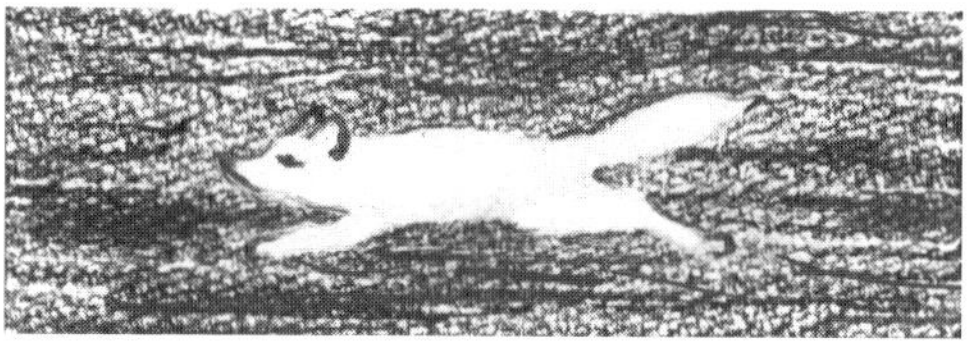

できばえにうっとり

〈巻三・五九　観作瓶喩《つくりしかめをみるのたとえ》〉

ものがたり

陶芸家《とうげいか》の兄弟がいました。今日も二人でそれぞれ、つぼを作っています。今日は二人とも調子がよくて、作った本人が見とれるぐらいの作品ができました。

「兄さん、今日はいいのができたよ」

「おれもだぜ。ところで、今夜は先輩が賞を取ったお祝いのパーティーがあるんだよな」

「そうだった！　すぐ出かけよう」

「まぁ待てよ。あわてることはない。それより、今日の作品をもう少しながめていたいんだ」

「それじゃ、先に行くよ」

弟はすぐに仕度《したく》して、パーティーに行きました。会場には、ごちそうがたくさんならんでいます。帰るときには、記念品をもらいました。

「兄さん、どうしたんだろう。パーティーはもうお開きになったのに……」

兄は、まだ自分の作品に見とれています。

おしえ

目先のことだけ考えていると、いつもとちがう場面に対応できなくなります。

こんな詩があります（原文は定型詩なので、七五調に訳しました）。

今日はこれだけ しておいて 明日《あした》はあれを しておこう。
仏《ほとけ》と龍（＊1）が 現れて 教えの声は どこまでも
雷《かみなり》 みたいに 世にひびき 教えは雨が ふるように
至るところに ふりそそぐ。 しかし目先の ことだけで
死にそっぽ向き 一生を 仏《ほとけ》に遇《あ》わず 過ごしたら
教えの宝 得《え》られずに 悪い世界に 居続《いつづ》ける。
正しい教えに 背を向ける。 これは作品 見続けて
間にあわなかった のと同じ。 教えの利益《りやく》 取り損《そこ》ね
まだまだ解脱《げだつ》（＊2） できません。

＊1 龍は仏教の守護者です。 ＊2 悟りを開いて苦から抜《ぬ》け出すこと。

ないものは痛くない

〈巻四・八五　婦女患眼痛喩《ふにょげんつうをわずらうのたとえ》〉

ものがたり

ある女性が、目の病気になりました。あまりにも痛くてがまんできないので、医者に診《み》てもらうことにしました。

「目が痛くてたまりません、早く治して下さい」

「どれくらい痛いんですか」

「目玉を放り出したいぐらいです」

「目玉がなければ、目玉が痛くなることはないですね。でも、目玉を放り出したら一生痛いよ」

おしえ

お金をため込むだけでケチに徹《てっ》する人がいますが、お布施《ふせ》をしないと後でよくないことが待っています。財産があふれるほどあっても、悩みは消えません。お布施をすると手もとのお金が減るのでイヤな気持ちが起こりますが、後にいい結果が待っています。

お布施をしないと、お金が減るという目先の苦痛は避けられますが、後になってイヤな思いをするハメになります。眼病をがまんできなくて目玉を放り出すのと同じです。

同じがいい

〈巻四・九一　貧児欲与富等財物喩《ひんじふとざいもつをひとしくせんとほっするのたとえ》〉

ものがたり

ある町に、貧しい人がいました。持っているお金はほんのわずかです。家はあばら屋で、着ている服はあちこちがすり切れてボロボロです。その人が、大金持ちを見かけました。その家は広くてきれいで、着ている服はオシャレです。同じ町に住んでいるのに、えらい違いです。同じようにしたくなって、なけなしのお金を持って服を買いに行きます。

「あの人と同じ服を下さい」

「これじゃぜんぜん足りないね。出口はあっちだよ」

くやしくてたまりません。帰り道で

「こんなお金、持っていたって役に立たねぇ！」

と、あり金を川に捨てました。少しのお金で命をのばすことだってできるのに……。

おしえ

出家してお坊さんになることができても、生活は楽ではありません。「これじゃ足りない。お供《そな》えがもっとあればいいのに……」と思っても、徳の高い人のようにはいきません。修行を長年続けてきた人には、多くの人がたくさんのお供えをささげにきます。それと同じようにならないからといって、イヤになって修行をやめるなら、お金を捨てた人と同じです。

9

悪だくみの結果は?

最後だけ本当

〈巻三・四六　偸犛牛喩《からうしをぬすむのたとえ》〉

ものがたり

ある村で牛が盗《ぬす》まれました。犯人は、隣村の住人です。隣村では、盗んだ牛を村人全員で食べてしまいました。

すると、盗まれた牛の飼い主が、その村にやってきました。残された手がかりをもとに、盗んだのは隣村の人だと見当をつけたのです。さっそく、隣村で聞きました。

「あなたがたはこの村にいましたか」

「私は村にいませんでした」

「あなたがたの村には池があります。池のほとりで牛を食べたのですか」

「村に池はありません」

「池のほとりに木はありますか」

「村に木はありません」

「牛が盗まれたとき、村の東にいましたか」

「村に東はありません」

「牛が盗まれたのは日中でしたか」

「村に日中はありません」

「なるほど。あなたがたは村にいなかったのですね。そして村に池や木がなく、東がなければ日中の時間もない、ということですか。あなたがたの言うことはまるで信用できませんね。では、あなたがたは牛を盗んで食べましたか？」

「食べました」

おしえ

悪事をはたらいてそれをかくし、バレてもごまかしたままにしていると、死んだ後に地獄《じごく》に落ちます。仏や神の目をごまかすことはできません。牛を盗んで食べたのを見抜《ぬ》かれていたようなものです。

洗ったふり

〈巻四・七四　出家凡夫貪利養喩《しゅっけのぼんぶりようをむさぼるのたとえ》〉

ものがたり

ある国では、バラモンの態度《たいど》が悪く、困った人を助けようとせず、それでいてぜいたくをしたがると不評でした。そこで王様が、「わが国のバラモンは、慎《つつし》み深い生活をして、風呂《ふろ》に入ってない人の体を洗わなければならない」と命令して、バラモンにさまざまな苦《く》役《えき》を課《か》しました。

しばらくしてあるバラモンが、空っぽになった洗濯《せんたく》用のつぼを持って、言いました。

「私は人を洗いました。その水を捨てたところです」

「本当に洗ったんですか？」

「〈洗っていません〉と言ったら、どうなりますか？　〈洗え！〉ってなるでしょ。だから、洗ったふりをしているんです」

ふりだけか！

おしえ

形だけのお坊さんも、このバラモンと同じようなものです。髪を剃《そ》ってお坊さんの姿をして、戒律《かいりつ》を守っているふりをして、金品を求めるからです。外見はそれらしくても、中身はニセ者です。

聞き違えは命取り

〈巻四・九四　摩尼水竇喩《まにすいとうのたとえ》〉

ものがたり

ある男が、夫のいる女と不倫をしていました。夫は仕事で帰りが遅くなることが多いので、二人はいつも女の家で夜にこっそり会っていました。

ある日、夫が泊まりがけの仕事に出かけることになりました。そこで「しめしめ」と、男が女の家へやってきました。ところが、今夜は帰ってこないはずの夫が帰ってきました。実は、夫は妻が不倫していることを知っていたので、不倫相手が出てきたら殺そうと、門の前で待ちかまえていました。

妻は不倫相手に、声をひそめて言いました。

「夫はあなたに気づいています。門からは出られません。ただ、とい（樋《とい》）があります。(＊)それで逃げて下さい」

ところが不倫相手は

「そんなとい（問《と》い）、答えがわからないよ。答えられないと出られないのか……」

と、逃げようとしません。これが命取り。

おしえ

仏教は、無常《むじょう》（永遠の存在はないこと）・苦《く》・空《くう》（あらゆる存在は仮であって実体がないこと）・無我《むが》（自分の存在はさまざまな要素の集合であって、根本になる核はないこと）を説いて、存在について「有（ずっとある）」と「無（なくなる）」のどちらにもかたよらない「中道《ちゅうどう》」を教えます。中道を理解することで、解脱《げだつ》（悟りを開いてさまざまな苦から解放されること）すると説きます。

ところが、存在を有・無どちらか一方で理解しようとする人がいます。自分の理解が間違っていることに気づかないようでは、中道はわかりません。無常の道理があるのでたちまちに寿命が来て、地獄《じごく》などよくない世界に落ちます。

本当は「樋」なのに、「問い」と取り違えていることに気づかず、危機から逃れる機会を逸《いっ》したようなものです。

＊原文では、女は「水を流す穴」を意味する「マニ（摩尼《まに》）」から逃げるようにと言ったのに、男は「マニ」を宝石の意味に取り違え、宝石を見つけないと逃げられないと思い込んだことになっ

ています。ここでは、日本語で意味が通じやすくなるように、言葉をかえて訳しました。

10

あなたが悪いわけでは
なさそうだけど

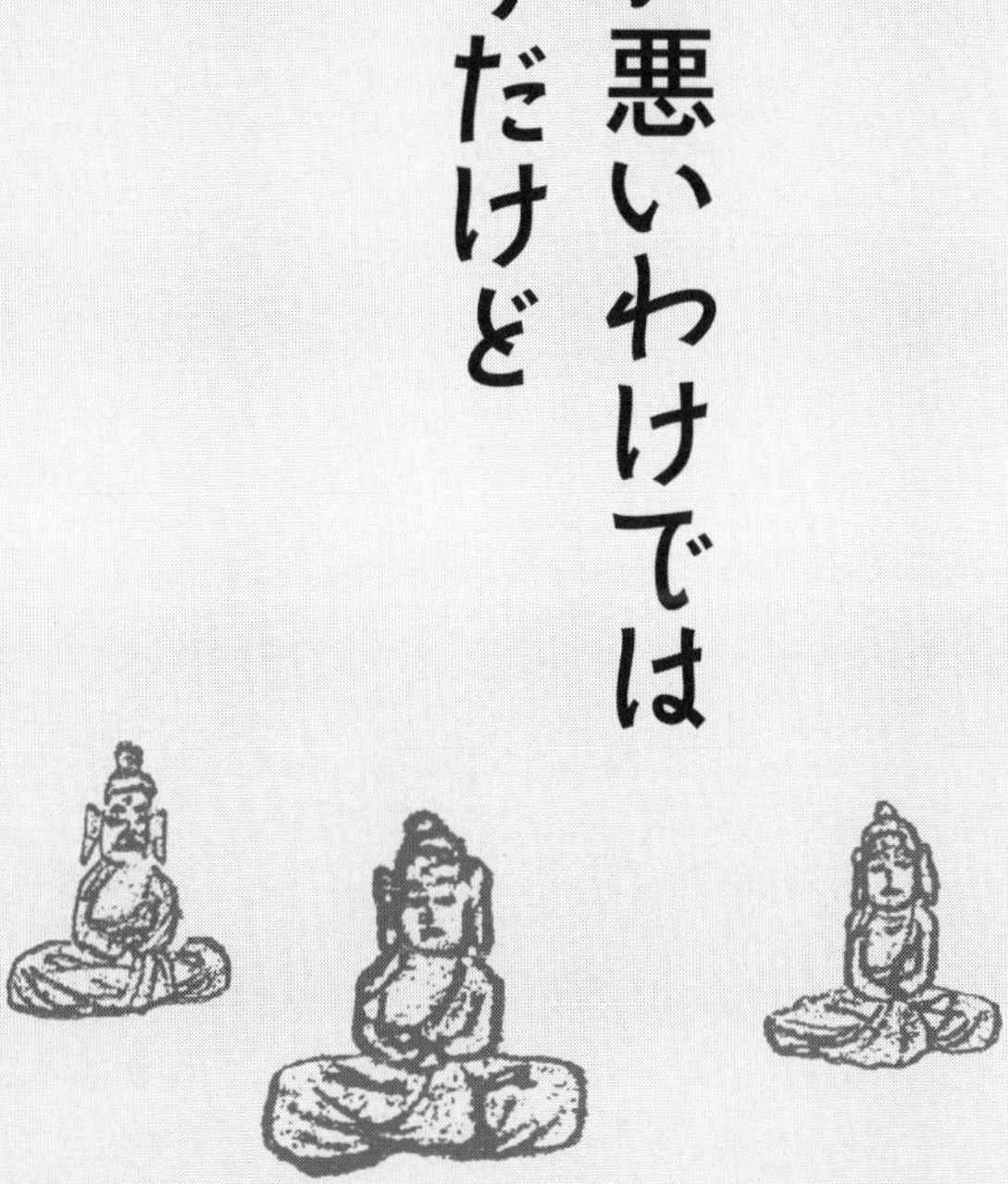

逃げるは役に立つ

〈巻二・三八　飲木筩水喩《きづつのみずをのむのたとえ》〉

ものがたり

今日は太陽が照りつけていて、なみでなく暑い日です。のどがすっかりカラカラになった人が、道を歩いていきます。

「どこかに水はないかな……」

と思っていると、木でできた筒《つつ》に、きれいな水が流れているのを見つけました。

「これはありがたい！」

と、水をガブガブ飲みました。

「いや〜生き返る！」

飲み終わってから、筒に向かって言いました。

「もう飲み終わったから、流れてこなくていいよ」

それでも水は流れてきます。それを見てこの人、怒りました。

「流れてくるなと言っただろ！　なんで流れてくるんだ！」

自分が立ち去ればすむのでは？

おしえ

世の人々は、欲しくなったものを手に入れようとしますが、入手できれば欲しい気持ちはおさまります。でも世の中には、欲望を刺激《しげき》してくるものがいろいろあります。それに向かって、「もう充分だから、来なくていいよ」と言ってみても、とどまることなく欲望を刺激してきます。「もう来るなと言っただろ！」と怒ってみたところで、止まってくれません。

智慧《ちえ》ある人は、相手に文句を言うより、自分をどうにかしましょう。こう言います。

「欲望を刺激してくるものから離れたいなら、自分の心を静めて、欲望が刺激されないようにしなさい。刺激されなくなって、あれこれ考えなくなれば、解脱《げだつ》（悟りを開いて苦から解放されること）します」

喜びの後になにがある？

〈巻三・五二　伎児作楽喩《ぎじがくをなすのたとえ》〉

ものがたり

一人の音楽家がいました。始めは路上などで演奏《えんそう》していたのですが、だんだん人気が出てきて、その評判が王様にまで届きました。ついに、王宮に招待《しょうたい》されて演奏することになりました。

演奏を聴き、王様は「すばらしい！」と喜び、大金をあたえると言いました。ところがいつまでたっても、大金をもらえません。あるとき、王様を見かけたので、おそるおそる聞いてみました。

「王様、私は先日、王様の前で演奏した者です。あのときに王様がおっしゃったお金を、まだいただいておりませんが……」

王様は一銭も出さず、こう返しました。

「お前は、音楽を聞かせて、わしを楽しませてくれた。だからわしは、大金をあたえると聞かせて、お前を楽しませたのだ」

おしえ

よいことをして、次に生まれ変わった世界が天（神々の世界）だったら、「いい世界に生まれた」と喜ぶでしょう。でも、それは人の世界よりいいだけで、本当の安楽ではありません。なぜなら、神々の世界にも寿命があって、永遠にいられるわけではないからです。お金をもらえると聞いても実際にはお金が手に入らず、ぬか喜びに終わったのと同じです。

八つ当たりが止まらない

〈巻四・八三　獼猴喩《びこうのたとえ》〉

ものがたり

ストレスをかかえている人がいました。この人が自宅の裏山を歩いていると、猿に出くわしました。猿が
「キー！」

とさけんだら、

「うるせぇ、なにがキーだ！」

と、猿がなぐられました。

「痛い！　仕返《しかえ》ししたいけど、あの人はすごく力持ちだから、返《かえ》り討《う》ちにあうだけだな……」

そう思っていると、なぐった人の息子がやってきました。この猿、子ども相手なら勝てると思って、

「さっきのうらみだ！」

「僕がなにをしたんだ〜（泣）」

おしえ

怒りの種になった人がいなくなっても、うらみは消えません。うらんだ相手の後を継いだ人を仇《かたき》に思って、怒りをぶつけます。先ほどの猿が、大人に怒りをぶつけられず、仕返しをその息子にしようとしたのと同じです。

助けたのかな？　じゃましたのかな？

〈巻四・九八　小児得大亀喩《しょうにおおがめをえるのたとえ》〉

ものがたり

浜辺で遊んでいた子どもが、カメを見つけました。この子ども、すぐにカメを捕《つか》まえました。

「なにして遊ぼうかな……そうだ、カメをいじめよう！　でも、どんないじめ方がおもしろいんだろう？」

そこを通りがかった人がいました。子どもに話しかけました。

「坊や、なにをしようとしてるんだい？」

「カメを捕まえたから、いじめて遊ぶんだ。でも、どんないじめ方がおもしろいのか、わからないんだ」

「それなら、いいことを教えてあげよう。カメを水に放り込んでごらん。バタバタあばれて苦しむよ」

「ありがとう！」

子どもは、カメを海にポイッと入れました。カメはスイスイ泳いで逃げました。

おしえ

生きていれば、どうしてもさまざまな苦しみがついてきます。そんな苦しみから解放されるために修行をするのです。その方法を知らなければ、だれかに質問することになります。

「どうすれば苦しみから抜《ぬ》け出せますか？」

聞いた相手が外道《げどう》（仏教以外の教え）や悪魔《あくま》といった、間違ったことを教える人だったら、こんな答えが返ってきます。

「やりたい放題《ほうだい》すればいいのさ。そうすれば、イヤなことはなくなるよ」

この言葉を信じると、この世の命が終わった後、地獄《じごく》など悪い世界に落ちます。子どもがカメをいじめようとしていたとき、やりたいことができそうに思えて実はできなくなる方法を教えられて、そのとおりにしたら目的と正反対の結果になったのと同じです。

原文のあとがき

（原文では定型詩になっています。ここでは七五調に訳しました）

教えの話と ユーモアを　まぜて書物を 編《あ》みました。
肝心《かんじん》なのは 教えです。　そちらの方を 読みましょう。
薬は病気を 治すもの。　苦《にが》くてイヤな 薬でも
蜜《みつ》とまぜれば 飲みやすい。　それとこの本 似ています。
教えの中の ユーモアは　百薬《ひゃくやく》の 長《ちょう》 酒のよう。
仏の教えは おだやかに　世間を明るく 照らします。
薬やミルク 飲んだなら　体にいいもの しみわたる。
ここで教えを 世に示し　悟りへの道 明かします。
木の葉に包んだ 阿伽陀薬《あかだやく》。(*)　薬をぬって 毒抜《ぬ》けば
木の葉は捨てる はずのもの。　笑い話に 真理あり。
智慧《ちえ》ある人は 教えだけ　おぼえて笑いは 捨てるはず。

＊「不死の薬」と呼ばれる万能薬。

言葉の解説

大乗《だいじょう》仏教・小乗《しょうじょう》仏教

「弟子のケンカは師匠に迷惑」（三二ページ）は、大乗仏教と小乗仏教が対立していたという話でした。

さて、同じ仏教なのに、なんで大乗と小乗があるのでしょうか？　そこには、歴史的ないきさつがあります。

仏教を開いたお釈迦様《しゃかさま》は、悟りを開いたことで「ブッダ（仏）」と呼ばれるようになりました。ブッダとは「（真実に）目覚めた者」を意味する言葉で、本来は固有名詞ではありません。そのためかなり古い時代にはお釈迦様だけでなく、弟子で悟りを開いた人も「ブッダ」と呼ばれていた形跡があると近年では指摘されています。

しかし、「開祖《かいそ》と同じなのは、はばかられる」と思ったのでしょうか、「ブッダ（仏）」はお釈迦様だけ、それ以外で悟りを開いた人は「阿羅漢《あらかん》」と、区別されるようになりました。

お釈迦様が亡くなって一〇〇年ほど後、教えの解釈の違いから、仏教が二つの派に分かれました。後にさらに分派して、二〇の派が形成されました（一八という伝承もあります）。

時代が下り（お釈迦様が亡くなっておよそ五〇〇年後とみられています）、これらの派には伝わっていなかった、「だれもがブッダ（仏）になれる」という教えがとなえられるようになりました。これが大乗仏教です。「大乗」とは「大きな乗物」の意味です。そして大乗仏教の人たちは、以前からの仏教を大乗仏教より「程度が低い」という意味を込めて「小乗仏教」と呼びました(*)。

大乗仏教も「お釈迦様の教え」を称していますが、それまで伝わっていた教えと違っていました。そのため「小乗仏教」の人たちから「にせもの」扱いされることがありました。それに対して大乗仏教の側は、「別ルートで伝わった、より高度な教え」と主張しました(ただし、対立だけではなかったようです。同じ寺院に、大乗と小乗の僧侶が同居していたという記録があります)。

現在では、「小乗仏教」という言葉にはネガティブな意味があるという理由で、「上座《じょうざ》部《ぶ》仏教」「南伝《なんでん》仏教」と言いかえられることがあります。でも上座部は、約二〇派あった「小乗仏教」の一派です。それに、「小乗仏教」は日本や中国など北方にも伝わっていました。だから全体を指す場合は、「小乗仏教」を使うことになります。

でも言葉の意味を考えれば、「上座部仏教」「南伝仏教」を使える場合は、そちらを使ったほうが誤解されずにすむでしょう。

＊始めのうちは、大乗仏教の側が「小乗仏教」と呼んでいたのは、以前からの仏教全体ではなく、

その中の一部の派だったという説があります。やがて「小乗仏教」という言葉の指す範囲が広がり、「大乗仏教以外の仏教諸派」の総称になったようです。

布《ふ》施《せ》

「**牛乳の保存法**」（二四ページ）など、お布施の話がよく出てきます。

「布施」という言葉を聞くと、「（お）布施とは、お坊さんにわたすお金のこと」と思うのではないでしょうか。実は、布施はこれ以外にもあるのです。

布施は大きく分けて三種類あります。

㈠ 他人のために正しい教えを説くこと。

㈡ 自分のお金や物をあげること。

㈢ 他人の心配を取り除くこと。

つまり、他人のためになることをするのが「布施」の本来の意味です。正しいことを教えるのも、だれかに物やお金をあげるのも、他人を手伝ったり相談相手になるのも、布施です。他人のためになることをするのは、自分をより高めることになります（自分のためのことしかしない人と、他人のためになることをする人を、比べてみて下さい）。

供《く》養《よう》

「『見る目がある』は眼球の力ではない」（四〇ページ）などの話には、供養のことが出てきます。

供養というと、ご先祖さまにお参りすることを思い浮かべる人が多いでしょう。しかし、それだけが供養ではありません。

供養とは、仏や神、亡き人、お坊さんなどに対して、敬意をもってお供えをささげることです。供養をするのは相手のためだけでなく、自分が善を積むためでもあります。

バラモン教

「洗ったふり」（九〇ページ）などの話に「バラモン」と呼ばれる人が登場していました。さて、「バラモン」とは何者でしょうか？

古代インドに、バラモン教という宗教がありました（本来の発音は「ブラーフマナ」に近いのですが、漢字で「婆羅門」と書かれたため、日本ではカタカナで「バラモン」とも表記します）。三〇〇〇年以上前に始まったとみられています。仏教より古くからあり、『ヴェーダ』という本を聖典にしていました。

バラモン教の特徴の一つとして、我《が》（アートマン）の存在を説くことがあげられます。我とは、「これこそが私だ」と言えるような、自己存在の中核になるものです（仏教はこの考えを否定して「無我《むが》」を説きました）。

また、バラモン教には身分制度（カースト制度）があり、最上位に位置づけられているのがバラモン教の儀式をとり行う司祭《しさい》の階級で、彼らのことも「バラモン」と呼ばれました。これに対して仏教は、この身分制度にとらわれないことを説きました。

仏教はバラモン教と異なる考えを打ち出した宗教ですが、バラモン教から仏教に取り入れられたものはたくさんあります。輪廻《りんね》（死んでも終わりではなく、生まれ変わりを繰り返すこと）や解脱《げだつ》（生まれ変わらなくなること。もはや死を繰り返さなくなること）などがそうです。

外《げ》道《どう》

お釈迦様《しゃかさま》の時代のインドでは、バラモンや聖典の『ヴェーダ』の権威《けんい》にとらわれない、新たな思想をとなえる人々が現れました。そのような新たな教えを説いた一人が、お釈迦様だったのです。

仏教の立場からは、仏教以外の教えをまとめて「外道」と呼びます。「仏教以外の道」という意味です。「外道」という言葉は、相手を罵倒《ばとう》する場合に使われることがありますが、もともとはそれほど悪い意味ではありません。

「**塩はおいしい**」（二二ページ）などのように、仏教では外道は批判の対象になっています。でも、どの教えもそれぞれの立場で真実を追究してきたのです。お釈迦様の時代のインドの「外道」のうち、ジャイナ教は今でも存続していますし、バラモン教もヒンドゥー教として残っています。

無《む》我《が》・空《くう》

「**鏡に映ったのは**」（三〇ページ）には無我の教えが出てきました。「**聞き違えは命取り**」（九二ページ）の教えの話には空《くう》が出てきます。

バラモン教など古代インドの思想では、「これこそが私だ」と言えるような、自己存在の中核になるものが存在していると考えていました。その中核を「我《が》（アートマン）」と呼びます。

それに対して仏教は、自分とはさまざまな要素の集合であって、中核があるわけではないと説きます。これが「無我」です。

たとえて言うなら、積み木で作った家のようなものです。積み木の集合が家であって、「これこそが家だ」と言えるような、中核になる積み木があるわけではありません。だから積み木をバラバラにすれば、積み木の家はなくなります。積み木の家は、組み立てられた時だけの、仮の（一時的な）存在です。

「私」の存在も、これと同じです。「私は存在しているけど、いろいろな要素が集まっている間の仮の存在に過ぎない」と体得《たいとく》することで、自分への執着《しゅうじゃく》を離れます。

ところが、この「無我」の教えに待ったがかかりました。でも、こんな感じです。「積み木の家が仮の存在だということはわかりました。でも、〈積み木の一つひとつも仮の存在だ〉と言わないと、不充分ではないですか？」

そこでとなえられるようになったのが、「空《くう》」です。「空」とは、「すべては仮の存在である」ということです。「仮の存在である」とは、「今あるものがいつまでもあるわけではないし、今はないものがいつまでもないわけではない。〈ある〉も〈ない〉も固定していない」ということです。これは、「あるのでもなければ、ないのでもない」とも表現されます。

「今あるものが、いつまでもあるわけではない」とわかれば、「〈今、これがある〉ということを大切にしよう」という気持ちがわいてきます。そして、失ってしまったときの心の備えもできます。

仏と神はどうちがう？

日本では古くから、仏教と神道が共存し、人々の支えとなってきました。だから、お寺にも神社にもお参りするのは普通のことです（これと似たことは日本だけでなく、アジアによくあります）。そのため、仏も神も同じようなものだと思っている人がよくいます。

しかし、「**喜びの後になにがある？**」（九八ページ）では、天（神々の世界）のことをあまりよく言っていません。これは、仏教の立場からすると、仏とは神をも超越しているからです。その理由には、インドの「輪廻《りんね》」の思想が関わっています。

輪廻とは、何度でも生まれ変わることです。「死んでも終わりにならないなら、いいじゃないか」と思う人もいるでしょうが、古代のインドではそうは考えませんでした。なぜなら、「何度でも生まれ変わる」は、別の見方をすれば「何度でも死ぬ」ことでもあるからです。

しかも、生まれ変わるのは人だけではありません。命あるものは生まれ変わりを繰《く》り返す間、上は天から下は地獄《じごく》まで、人の世界を含めたさまざまな世界をめぐります。神も例外ではありません。神であっても寿命は有限だからです。

だからインドの思想では、神々の世界に生まれることではなく、「解脱《げだつ》」が目標とされました。解脱とは、輪廻しなくなる（死を繰り返さなくなる）ことなので、神々の世界に生まれるよりもよいこととされます。解脱することで、死に代表されるあらゆる苦を離れます。仏教を開いたお釈迦様《しゃかさま》はここに到達して、神をも超越しました。

そのため後世になると、インドの神は「仏やその教えを敬い、讃《たた》える者」として仏教に取り入れられました。帝釈天《たいしゃくてん》、毘沙門天《びしゃもんてん》など「天」とつくものは、もとはインドの神でした。

戒《かい》 律《りつ》

『百喩経』には「**全部飲まなくてもいいのに**」（四八ページ）など、戒律の話がたくさんあります。

戒律とはくわしく言うと、修行僧一人ひとりのあり方を示した「戒」と、修行僧の組織のルールである「律」からなっています。

お釈迦様《しゃかさま》とその弟子からなる教団に、始めのうちは、規則らしい規則はありませんでした。しかし弟子が増えてくると、いろいろとトラブルが起こるようになってきました。教団で何かトラブルが起きるとそのたびに、お釈迦様が「では、今後同じようなことが起こったら、どうすればよいか」を決めていきました。これが、しだいに教団の規則となりました。

修行僧が戒律に違反した場合の罰則《ばっそく》も決められています。もっとも重いのは、教団からの追放です。この他に、期間を区切った謹慎処分《きんしんしょぶん》や、自分がどんな戒律違反をしたかを告白して反省の態度《たいど》を表明すること、などがあります。

戒律は基本的に修行僧の規則ですが、とくに基本となる五項目は「五戒《ごかい》」と呼ばれ、在《ざい》家《け》の信者も守るべきものとされています。それは、不殺生《ふせっしょう》（生き物の命を取らない）・不偸《ふちゅう》盗《とう》（盗みをしない）・不邪淫《ふじゃいん》（特定の相手以外と関係を持たない）・不妄語《ふもうご》（ウソをつかない）・不飲《ふおん》酒《じゅ》（酒を飲まない）です。ただし、在家に対しては罰則が規定されていません。

訳者のあとがき

『百喩経』を現代語訳するにあたって、楽しく読めるよう、原文にない言葉をかなり加えました。さらに、内容が難しくなりそうなところを省略したり改変しています。だから忠実な訳ではありませんが、それぞれの話の言いたいことが伝わるよう努めました。

私たちの行動は、よいことばかりではありません。まぬけなことやおかしなことをよくやります。それを大げさに表現すると、笑い話になります。そして、人のおかしな行いをもとに、私たちの姿をふり返らせてくれるのが、仏教です。だから、笑い話と仏教は相性がいいのです。

本書の刊行にあたって、釈徹宗先生に監修をお引き受け頂いたこと、幸甚の至りです。釈先生は多彩な分野に通じ、仏教と芸能についても考察を深められており、それに関する著述や講演は多数ございます。仏教と落語をテーマにした講演で、私との対談相手を務めて下さったこともございます。同じ宗派に身を置く者として、釈先生には多くのことを学ばせて頂いております。この場を借りて御礼申し上げます。そして、法藏館の今西智久氏には多大な助言を頂戴しました。挿画は、濱地創宗氏にかいて頂きました。この他にも、多くの方のご協力に対して、改めて御礼申し上げます。

二〇一九（令和元）年五月

多田　修

参考文献

赤沼智善・西尾京雄訳「百喩経」（『国訳一切経　本縁部七』大東出版社、一九三〇年所収）
中村　元著『インド思想史』（岩波書店、一九六八年）
棚橋一晃訳『ウパマー・シャタカ 百喩経』（誠信書房、一九六九年）
奈良康明著『仏教史Ⅰ　インド・東南アジア』（山川出版社、一九七九年）
平川　彰著『インド仏教史（上）』（春秋社、一九七四年）
関山和夫著『落語風俗帳』（白水社、一九八五年）
関山和夫著『安楽庵策伝和尚の生涯』（法藏館、一九九〇年）
佐々木閑著『インド仏教変移論　なぜ仏教は多様化したのか』（大蔵出版、二〇〇〇年）
並川孝儀著『ゴータマ・ブッダ考』（大蔵出版、二〇〇五年）
菊地章太著『儒教・仏教・道教　東アジアの思想空間』（講談社、二〇〇八年）
釈　徹宗著『おてらくご　落語の中の浄土真宗』（本願寺出版社、二〇一〇年）
立川武蔵編『アジアの仏教と神々』（法藏館、二〇一二年）
宮尾與男訳注『醒睡笑　全訳注』（講談社、二〇一四年）
平岡　聡著『大乗経典の誕生　仏伝の再解釈でよみがえるブッダ』（筑摩書房、二〇一五年）
釈　徹宗著『落語に花咲く仏教　宗教と芸能は共振する』（朝日新聞出版、二〇一七年）
大竹　晋著『大乗非仏説をこえて　大乗仏教は何のためにあるのか』（国書刊行会、二〇一八年）
馬場紀寿著『初期仏教　ブッダの思想をたどる』（岩波書店、二〇一八年）

監修者

釈　徹宗（しゃく　てっしゅう）

1961年、大阪府生まれ。龍谷大学文学部卒業、同大学大学院博士後期課程単位取得満期退学、大阪府立大学大学院博士後期課程修了。学術博士。浄土真宗本願寺派・如来寺住職。相愛大学教授。専門は宗教学。著書に『親鸞の思想構造——比較宗教の立場から』（法藏館）、『おてらくご——落語の中の浄土真宗』（本願寺出版社）、『法然 親鸞 一遍』（新潮新書）、『死では終わらない物語について書こうと思う』（文藝春秋）、『落語に花咲く仏教——宗教と芸能は共振する』（朝日選書）など。

編訳者

多田　修（ただ　おさむ）

1972年、東京都生まれ。慶應義塾大学法学部卒業、龍谷大学大学院文学研究科博士後期課程単位取得。東京仏教学院講師、武蔵野大学仏教文化研究所客員研究員、浄土真宗本願寺派総合研究所研究員、真光寺（東京都）副住職。著書に『教行信証のことば——やさしい法話』（共著、本願寺出版社）など。

ブッダの小《こ》ばなし——超訳《ちょうやく》百喩経《ひゃくゆきょう》

二〇一九年七月一〇日　初版第一刷発行

監修者　釈　徹宗
編訳者　多田　修
発行者　西村明高
発行所　株式会社　法藏館
京都市下京区正面通烏丸東入
郵便番号　六〇〇-八一五三
電話　〇七五-三四三-〇〇三〇（編集）
〇七五-三四三-五六五六（営業）

本文挿画　濱地創宗
ブックデザイン　森　華
印刷・製本　亜細亜印刷株式会社

ISBN978-4-8318-2501-8 C0015